世界上最大的家庭

作者：保罗·H·博格　　绘画：费伊·昊勒　　前言：格瑞斯·穆图亚　　翻译：董一岩(Singh Dong)

The Biggest Family in the World
Copyright ©2015 Paul H Boge
All rights reserved
Original printing (English)—2015
Mandarin translations—2021

ISBN 978-1-927355-36-7 Soft Cover (English only)
ISBN 978-1-927355-37-4 Ebook (English only)
ISBN 978-1-988928-36-4 Soft Cover (Mandarin only)
ISBN 978-1-988928-38-8 Soft Cover (Mandarin/English version)
ISBN 978-1-988928-37-1 Ebook (Mandarin only)

Published by:
Castle Quay Books
Pickering, Ontario, L1W 1A5
Tel: (416) 573-3249
E-mail: info@castlequaybooks.com
www.castlequaybooks.com

Illustrations by Faye Hall
Proofread by Lori Mackay
Cover and book layout by Burst Impressions

This book or parts thereof may not be reproduced in any form without prior written permission of the publishers.

Cataloguing in Publication information may be obtained from Library and Archives Canada.

CASTLE QUAY BOOKS

前言

在这个世界上，很少有人有机会拥有一位像我爸爸查理·穆利一样的父亲，在一个美好的一天，宣布你的生活将立刻被改变，因为他计划变卖掉他所有的生意和财产，而且将自己的一生致力于救助那些"最不想被人要的"街童！

当我们跟随并支持我们父母的呼召——救助那些孤儿和无助脆弱的儿童，彻底地改变了肯尼亚和整个非洲的小区，这样的生活对我和我的兄弟姐妹们来说确实是一个巨大的挑战。路程漫长，艰难且富有挑战；然而，当每一天我们看到一个新的孩子从生命受到威胁的情况下得到救助时，这让我们感到非常的欣慰和满足。我和我父母在《穆利之家》工作是我一生永不改变的事。

通过我父亲的一生，我懂得了聆听上帝呼召的价值，无论上帝引导我去哪里我都跟随他，甚至当危机来临不知如何处理的时候，我依然要依靠和信仰上帝。我已经在《穆利之家》学会了每天都要相信奇迹会发生！看着父亲的信心和信靠，上帝总是让人振奋不已！

这是我最深层次的祷告，还有希望本书能点亮阅读此书的每一位孩子的脸颊和心灵——让你们知道无论你的背景是什么，无论你来自哪里，无论你经历过多少苦难，盼望在我们的造物主手中。上帝会带领你走出最深的低谷，高举你，将你安置在高山之巅，因为你是珍贵的，你值得拥有充满喜乐、爱、尊重、和平，以及最重要的，高尚的人生。

—查尔斯·穆利和艾斯特·穆利的女儿，
格瑞斯·穆图亚。

在非洲美丽的天空下，在浩瀚、一望无际的肯尼亚，居住着一个贫穷的六岁男孩，他的名字叫查尔斯·穆利。

和很多其他孩子一样，穆利总是很孤单，在他的内心深处渴望自己能拥有一个家庭。

4

当其他孩子走进教室的时候，穆利在旁边看着。他也想读书，但是他没有钱支付学费。当其他学生在学习的时候，穆利在想自己的人生会变成什么样子。

晚上，穆利会把手放在他饥饿的肚子上，希望有吃的东西填满饥肠
辘辘的肚子。

在早晨，他会鼓起勇气去要饭。当他伸手时，他的肚子咕咕叫，而
其他的孩子们都看着他。

多年以来，穆利在烈日下挖洞挣钱，这些钱
只够支付食物和一个狭小的地方睡觉。

当穆利成长为一个少年时，一个朋友鼓励
他："和我一起去教会吧。那里有一个特别
的聚会。"

7

教会充满着年轻人。穆利听着牧师的讲话，那牧师讲话如此的平静和深沉，以至于穆利感觉只有他一个人在那里。

"耶稣爱你，"牧师说到。"他为了你的罪死在十字架上，又为了你得到永恒的生命而复活。"穆利感到了盼望，并相信了耶稣，然后他成为了上帝家庭中的一员。

这是第一次，穆利感受到了真正的喜乐。他内心充满着盼望。但他没上过学，没有钱，他也不认为自己有任何特殊的才能。所以他在心里疑惑："上帝啊，你到底想要在我身上做什么？"

几年后，穆利在田里干活，他遇见了一位名叫以斯帖的女人，他的心跳加速。当他见到她的那一刻，他爱上了她，而且不久之后她成为了穆利的妻子。

9

穆利工作异常努力。从白天工作到深夜，他花了大量的时间在工作上。他开始了开出租车的小生意，这种出租车也被称为"马塔图"

很多人乘坐他的"马塔图"！

他的生意日渐壮大。他开展了其它的生意并且变得越来越富有。他挣了如此多的钱以至于可以买任何他想买的东西。

穆利和以斯帖喜欢和他们的八个很棒的孩子在一起共度时光：米里亚姆，格瑞斯，简，卡尔利，栋多，穆厄尼，艾萨克和迪克森。这是一个大家庭。

但他们的家庭将会变得更大！

大得多的多！

穆利开着车来到了位于埃尔多雷特的一条街上，看见了很多穷孩子。他们穿着脏衣服，他们的眼神疲惫。没有家，没有食物，没有上学，而且没有希望。他们就像以前的穆利那样。

当其他穷孩子经过他的车，穆利的爱驱使着他为他们停留下来。

穆利走出了他的汽车，把面包递给了饥饿的孩子们。他们迅速地从他的手中拿走了面包。

"我们很久没吃东西了，"一个女孩说到，"我们也没有地方睡觉，你知道我们可以呆在哪里吗？"

这刺痛了穆利的心。"为什么有这么多孩子流浪街头？"他在想。"谁来帮助他们？"他把车停靠在一座桥边并祷告。"噢，主啊，你给了我所有。你将我从最深的低谷带到了最高的山巅。但人生的目的只是为了钱吗？我把一切都交给你。"

那天晚上穆利对他的家人们宣布："我正在变卖我们所有的一切财产，而且我将自己的一生致力于帮助在街上流浪的孩子们。"他们十分地惊讶，不知道接下来会发生什么。

15

穆利走进了肯尼亚的街道和贫民窟。他看到那么多需要帮助
的孩子，数量多得数不清。

穆利尽可能地把这些孩子带回家。他成为了孩子们的
父亲，他们喜爱称呼他为爸爸。所以穆利把他们称
为："穆利儿童之家"。

穆利为孩子们搭建了温暖舒适的床来
安睡——一个可以被称为家的地方。
一个能让他们的眼睛闪烁希望之光，
让他们的心充满感恩的地方。穆利家
庭逐渐壮大——从十一个孩子一直增
加到四十个。

孩子们可以吃到饱。大豆和米饭还有芒果，以及一种特殊的玉米饭，类似于"粗玉米粥"。

穆利为了孩子们建造教室供他们学习，让他们成为上帝所要他们成为的人。医生，教师，工程师和牧师。

穆利家庭从四十个孩子成长到七十人，又增长到一百人！

看着孩子们从街上流浪的旧生活转变为在耶稣里满怀希望的新生活，他喜欢看到孩子们的改变。"财富不是关于金钱。"穆利发现道，"财富是一个改变了的生命。"

穆利变卖了自己最后的生意，土地还有汽车，把自己所有的钱都拿来供养他的孩子们。

但有一天他们遇到了一个大问题——他们没有钱了，他们也没有吃的东西了。

但他们仍然有希望。他们在上帝那里有希望。穆利和以斯帖彼此握着对方的手，开始一起祷告。"亲爱的上帝，即使这很困难，而且我们不知道怎么办，我们相信你会帮助我们。"然后…

他们听见有敲门声，他们赶紧跑下楼去…

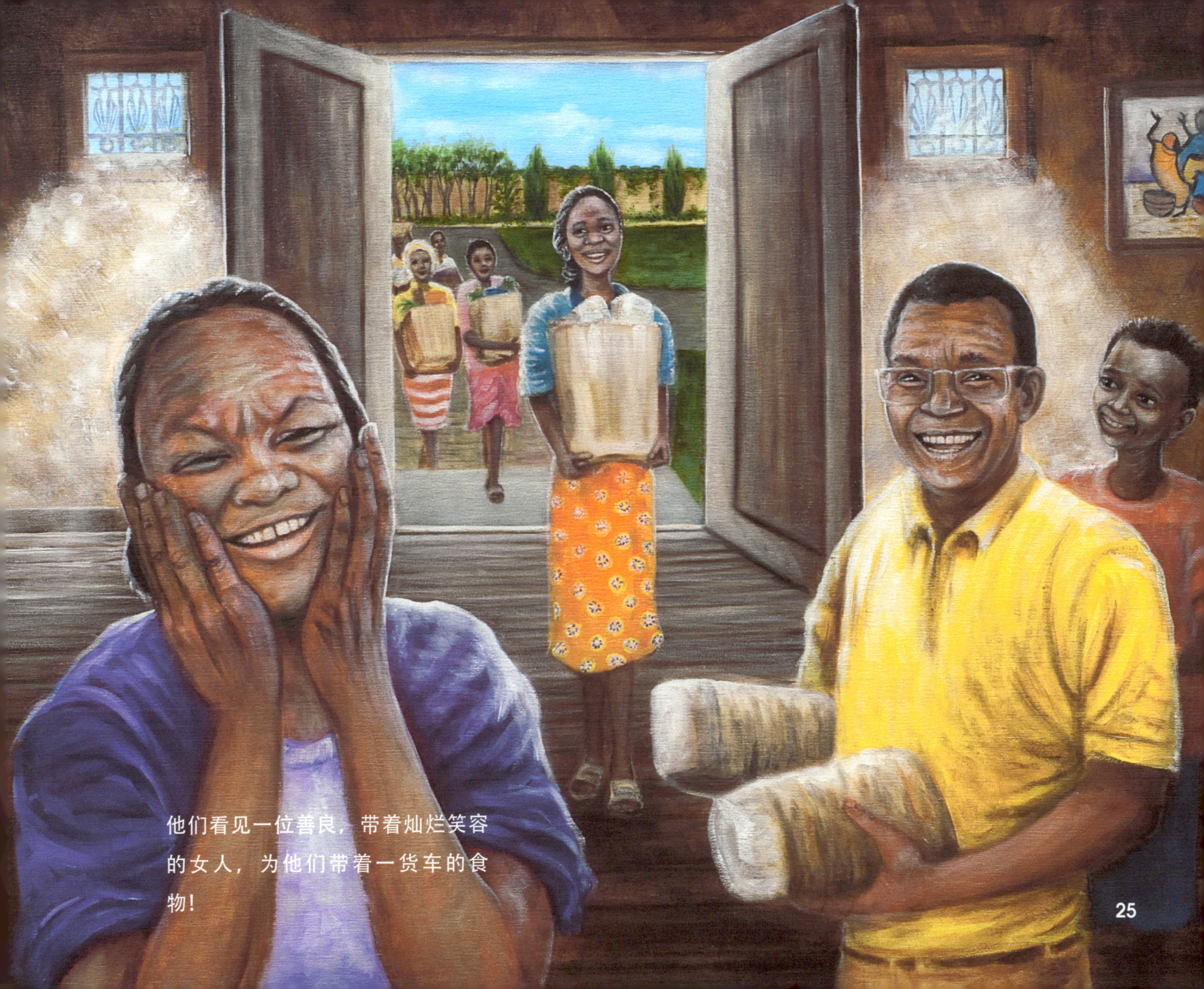

他们看见一位善良，带着灿烂笑容的女人，为他们带着一货车的食物！

穆利家庭变得太大以至于没有更多的空间容纳孩子们。所以穆利带着孩子们离开自己的旧房子来到一块崭新的土地，是上帝呼召他们来的。这块遥远的地被称为纳达尔尼，他们将会在这里开始新的生活。

MCF
NDALANI

MULLY CHILDRENS FA
WELCOM

即便他遇见许多冒险和挑战，穆利还是会花时间去笑，去倾听，去爱。

无论何时，当他的孩子们要来见穆利并且问他是否方便和他说话，穆利会说："我总有时间。"

在他们的新家他们面临着另一个大问题——他们没有水。孩子们变得非常口渴，穆利在思考如何让所有的孩子都能喝上干净的水。他能在哪里得到帮助呢？

穆利跪在地上然后很迫切地祷告。"噢，上帝啊，他们告诉我这里没有水。但你已经把我们领到这里了。请帮助我们。"

然后上帝对穆利说："快点站起来，带上你的妻子，我将告诉你哪里有水。"穆利和以斯帖急忙在夜里跑了出去。"在这里转弯，"上帝说。然后他们转了弯。

"停在这儿"，上帝说。然后他们停住了。"这里有水。"

突然…

铲了又铲，工人换了一轮又一轮，他们一直向下挖了两天。终于他们听见了令人难以置信的声音。

一股巨大的喷泉从地下涌出，直冲云霄！

穆利、以斯帖和所有的孩子高兴地跳了起来！他们感觉到了清澈的水淋在他们身上，感谢上帝创造了又一个奇迹。

"耶稣给了我们生命的活水，"穆利说道。"他是生命的粮。如果你相信他，那么上帝会成为你天上的父，你也会成为他家庭的一员。"

那给了孩子们如此多的盼望，很多孩子们相信了耶稣。

33

在美丽的非洲天空下，几百个穆利之家的孩子歌唱着。他们来自全肯尼亚不同的地方以及不同的部落。然而现在他们是一家人。一个拥有成千上万成员的家庭！"天父上帝，你真的完成了一件奇妙的工作，"穆利祷告道。"感谢你让我成为这家庭的一员。"

穆利家庭还在继续成长。甚至有些人说他们是世界上最大的家庭！想一想这所有一切都开始于一个孩子聆听了上帝的声音。那么你呢？你将会成为什么样的人？你是否可以对上帝说："你想对我做什么？"

非洲

肯尼亚

提问：

1. 当你没有东西吃的时候，你是什么感受？
2. 如果你有很多钱的时候，你会干什么？
3. 当你生活在这么大的一个家庭里，你的感受是什么？
4. 谈一谈你感到孤独和被冷落的一次经历。
5. 穆利帮助了许多的孩子们并成为他家庭的一份子。

   对于你周边寻找心灵寄托的其他人，你能做什么帮助他们呢？
6. 你是否有什么办法帮助那些穷人？
7. 谈论一次你为了某事向上帝祷告的经历。
8. 你是否要求过让耶稣来宽恕你，相信他并成为他家庭的一员？

发音指导（文中出现的人名和地名）：

Kaleli：卡雷利

Matatu：玛塔图

Mueni：美尼

Mulli：穆利

Mully：穆利

Nadalani：拿大拉尼

Ndondo：恩多恩多

Ugali：欧伽利

定义

繁荣、成功

贴士：

穆利（Mulli）是他姓氏。当所指为"穆利儿童之家"时使用穆利（Mully）。

想了解更多信息请访问：
www.MullyChildrensFamily.org

www.ingramcontent.com/pod-product-compliance
Lightning Source LLC
Chambersburg PA
CBHW050754090426

42738CB00004B/109

9 781988 928364